EGSKEIDING HOEKOM?

'N IN-DIEPTE VERDUIDELIKING VAN DIE OORSAKE VAN EGSKEIDING

DANIEL PATRICK

EGSKEIDING HOEKOM?

'N IN-DIEPTE VERDUIDELIKING VAN DIE OORSAKE VAN DIE EGSKEIDING.

INHOUD

INLEIDING

Hoekom het ons so baie gevalle van egskeiding in die wêreld? Kan dit wees as gevolg van verkeerde huwelike of is daar iets wat visvang in dit. Ons hoef nie saam te stem met verkeerde huwelike, maar voordat ons die antwoord op hierdie vraag, hier is'n duidelike statistieke van die egskeidingsyfer in die wêreld.

Ons weet almal dat'n egskeiding is op'n hoë koers in die Verenigde State en as by nou 39% van huwelike in die Verenigde State van amerika is eindig in egskeiding en van alle aanduidings daar is getalle van die redes dat paartjies besluit om te noem dit'n ophou. Soek in elke nasie van die wêreld vind ons uit dat Rusland was die hoogste gevolg deur wit-Rusland en dan Gibraltar en die Verenigde State van amerika op dieselfde plain en jy sal sien dat daar ook nasies met'n baie lae egskeidingsyfer met lande soos Sri lanka , gevolg deur Vietnam dan Suid-Afrika en Bosnië op dieselfde vlakte. So ons kan sien dat egskeiding is regtig'n groot doring in die wêreld en dit moet behoorlike aandag en oplossing. Baie mense is wat in berou en angs.

Daar is so baie faktore wat veroorsaak dat egskeiding wat gesê of geskryf is oor en daar is nog een vraag wat ek vra, beteken dit dat dié faktore is nie waar nie of die mense is huiwerig om te verstaan die belangrike feit. Wat is die werklike probleem? Hierdie werk is nooit te afgradering daardie boek of onderrig op egskeiding, dit is ook voeg by dit en bring sy eie siening, ek glo elke kwessie in die lewe het verskillende kante van die muntstuk, so dit is die een kant van die muntstuk en dit is belowende om'n wonderlike en wakker teorie wat getoets is, is bewys en vertrou.

Vir so op alles omvattende wêreld, dit is nie verbasend dat die woord van God in die enigste oplossing vir situasies wat verkeerd gaan. Baie wakker te word elke dag, spandeer baie geld op egskeiding en is ook die lewe verlam in hul denke en emosies.

Al die hoofstukke in hierdie boek is gebou rondom die woord van God en verduidelik behoorlik aan ons eie insig. Weer elke hoofstuk in ingeënt met'n meditasie-oefening wat jy kan gebruik as jy so geneig.

Ek hoop dat die wysheid en insig van die woord van God aandele deur middel van hierdie boek skyn en'n seën vir baie geslagte. Ek is baie seker dat al die lesers, van alle gelowe, agtergronde, status kan iets leer oor die egskeiding en die oplossing. Ek wens julle baie sukses in jou verhouding en die huwelik en met die hulp van hierdie boek sal jy sekerlik verslaan egskeiding en ook help diegene wat geskei te kry terug hul vertroue en liefde.

HOOFSTUK EEN
EGSKEIDING EN DIE KONSEP

Ons gaan om te definieer die woord egskeiding en gebruik dit om te verduidelik'n paar feite en ook gee jou die konsep wat ek is die regte tyd om te ontdek wat jou sal help om ons in ons verduideliking.

Nou wat is egskeiding? Egskeiding van die griekse geek transliterasie *apolyo*; en fonetiese uitspraak ap-ol-oo-o is om ten volle (letterlike) verlig, vry, ontslaan (refleksiewe wyk) of laat sterf, vergewe (figuurlik) of vertrek, ontslaan, vergewe, laat gaan los, stuur weg, vry, stel op vryheid, al hierdie definisie iets beteken, byvoorbeeld na egskeiding'n spesifieke probleem, dit beteken om te laat gaan, net so na egskeiding'n byeenkoms is om te ignoreer dat die insameling, na egskeiding'n saak teen iemand om te vergewe en te laat gaan dat die saak teen daardie persoon.

In hebreeus is die woord egskeiding kom van die woord *"keriythuwth"* wat beteken om te sny'n huwelik band, die hebreeuse woord *"shelach"* beteken om te stuur weg. Hierdie twee woorde wanneer dit gebruik word anders in die skrif en soos jy kan sien een manier om te sny die huweliksbond en die tweede is om te stuur weg wat wanneer hierdie twee woorde is getroud saam, dit beteken eenvoudig egskeiding is om te sny die huwelik band tussen'n man en'n vrou, so is daar baie dinge betrokke, maar wat gebaseer is op ons bespreking en vir die doel van hierdie boek, ons is op soek na wat egskeiding beteken om in'n huwelik. Egskeiding is van tyd skepping, dit het nie begin vandag nie, maar wanneer jy lees die bybel noukeurig jy sal sien, dit was in'n beperkte manier, maar vandag egskeiding het geword van die orde van die dag en baie van hulle vind dit moeilik om te oorkom, of vind dit lekker vir hulle om te gaan in en later spyt in stilte. Om regtig te verstaan wat egskeiding is al oor ons moet weet wat is die huwelik, maar in my boek "*die oorspronklike plan vir die huwelik*", ek het tereg bespreek baie goed wat die huwelik is al oor maar net'n wenk hier by te voeg aan wat ek het is daar, die huwelik is'n verbond - 'n verbond wat ek bedoel dit is tussen twee persoon bymekaar kom vir'n doel. Alhoewel sommige sal sê dat dit is net om kinders te hê, maar vriende dit is meer. Verstaan wat ek wil om te open ons oë om nou en as jy wil om meer te kry oor die huwelik, kry my boek "*die oorspronklike plan vir die huwelik*" en ander boeke. Wanneer'n man het omgang met die vrou, 'n verbond is gemaak en laat my verduidelik, die manlikheid van die mens is soos'n mes en die meerderheid van die vrou is soos die vlees, wanneer omgang is gemaak daar is'n sny en bloed is gestort. Ja, jy kan nie sien al dat veral as jy getroud is, want jy is nie meer'n maagd nie, maar wat gebeur tydens omgang.

In my boek "Dating, Liefde en Seks". Ek het my tyd om te verduidelik diep wat gebeur. Terug na wat ons is op, die Huwelik is'n unie van'n man en vrou. So as die huwelik is'n unie van'n man en'n vrou dan egskeiding is disunion tussen'n getroude man en vrou.

So wanneer ons praat van 'n egskeiding, is dit 'n diep onderwerp wat moet behoorlike aandag, reg uit die geskiedenis het dit dat wanneer 'n man 'n vrou en marie op soek na haar, en dit kom om te slaag dat hy vind geen guns is haar oë, want hy het gevind dat sommige onreinheid is in haar, sy is gestuur weg en word 'n ander man se vrou. Is dit dalk iets wat sleg is, onbehoorlike gedrag, skande, en gebrek. Weet jy dat hy wat trou met 'n vrou gevind dat 'n goeie ding en verkry guns van die Here. So as die man nie sien nie die guns, hy egskeidings, so nou as ons is om te volg hierdie beginsels wat almal moet geskei word. Dit is een van die redes waarom dit is goed om te verstaan wat die huwelik is alles oor. Ek wil ook om te verduidelik hierdie punt is dat, die huwelik is saamgestel om te produseer goddelike saad. Nou as jy lees my boek "*die oorspronklike plan vir die huwelik*". Ek het'n paar verduideliking dat dit nie werklik bedoel om net gee geboorte aan kinders maar dit is'n uitbreiding van'n koninkryk. Wanneer jy gee geboorte aan goddelike saad wat kinders jy is ook die uitbreiding van'n koninkryk. Wanneer jy gee geboorte aan goddelike saad wat kinders, jy is ook die uitbreiding van'n koninkryk en ook as jy gee geboorte aan die goddelose saad wat jy is ook die uitbreiding van'n ander koninkryk. Watter koninkryk doen jy vul? Die rede vir die moeilikheid vandag in ons samelewing is as'n gevolg van die goddelose sade, nou kan jy my vra wat ek bedoel deur die goddelike saad en goddelose sade. Dit is geskryf lei tot'n kind in die weg wat hy moet gaan en wanneer hy oud is, kan hy of sy nie sal afwyk van dit. Opleiding is wat nodig is om te weet wat die verskil, weer wanneer 'n getroude paar verstaan hoekom hulle is getroud en geboorte gee aan kinders wat hulle outomaties goddelike saad , want alles wat in die ouers'n invloed op hulle ook, goed in hierdie boek sal ons praat oor wat van'n paar wat getroud is en verstaan hoekom hulle is getroud. Egskeiding is ook om te gaan troueloos met mekaar (man en vrou). Die woord troueloos is om te wees bedrieglike in die rigting van'n persoon, dit het ook beteken ontrouheid, te laat vaar. Baie mense dink dat dit is slegs wanneer beide party besluit om af te wyk van mekaar dan egskeiding geneem het, maar eintlik paartjies wat saam woon, maar ontrou teenoor mekaar is beskou as egskeiding, ek het'n onderrig op die essensies van ware liefde en ek het verduidelik dat die liefde is verkeerd verstaan deur baie as, in, as of wanneer nie, maar dit is nie gebaseer op of en wanneer, wat of wat ook al toestand. Liefde is onvoorwaardelik en dit kom uit die diepste van ons. my Boek "*Dating, liefde en seks*" het'n paar diep verduideliking oor die liefde en hoe dit is verkeerd verstaan deur baie van ons vandag, so jy sien dat wanneer daar is'n klein probleem, liefde gaan koud en geleidelik doodgaan, en weer baie gewoonlik sê hulle is in die liefde, maar dit is eintlik lus nie liefde nie, want my liefde is volmaak en nie sterf nie, kan dit dissipline, maar nie om te sterf. Daar is so baie oorsake van die egskeiding wat ons vandag sien en in hierdie boek wat ons gaan om te sien'n paar feite of veroorsaak dat is die probleem van tyd aanvang.

Ek glo aan'n redelike punt wat jy gesien het, die betekenis van die woord egskeiding en verstaan dit baie goed.

Nou wil ek om te deel in die konsep van egskeiding en wat bedoel ek met die konsep van egskeiding. Die woord konsep is die begrip behou in die gees, uit ervaring, denke en verbeelding. Die algemene konsep van egskeiding skeiding as gevolg van'n paar faktore wat onbeheerbare deur die man en die vrou.

My eenvoudige konsep is dit dat egskeiding beteken twee verskillende visie weier om een visie. Nou laat ek verduidelik wat ek bedoel, elke man en vrou het'n visie in die lewe en hulle is geskep vir'n spesifieke doel. Ek sal gee jou'n eenvoudige voorbeeld van die twee kapteins in'n enkele skip met twee bestemmings op dieselfde tyd, kaptein'n wil om te gaan na die kus van Duitsland en albei kapteins is op die oewer van die Verenigde State van amerika, en kaptein B wil om te gaan na die Bahamas. As beide van hulle besluit om te vaar die skip, sal daar verwarring, stry en aan die einde van'n vertrek. Net So is'n man met'n visie wat getroud is met'n vrou met'n ander visie, as die vrou is nie gereed om te dien aan die man se visie, daar sal sekerlik'n ramp in die huwelik. Nou twee parallelle lyne wat die man en vrou as hulle het ooreengekom om saam wanneer beide kante van die twee parallelle lyne is saamgevoeg dit vorm'n sirkel en die sirkel is wat ek noem'n goeie huwelik. Maar wanneer daar is'n kragte wat breek die sirkel en terug te keer na die twee parallelle lyne weer, dit is wat ek noem'n egskeiding. In die skool van die mens, ons is nie gemaak om alleen te wees, daar moet die samevoeging, afgesien van die huwelik; jy kan sien dat ons mense moet vriende, bekendes. Dit is omdat ons is almal geskep om toegang tot elke ander en ook om jou te vertel die waarheid, 'n man trou met'n ander man is'n absolute fout van die doel van die lewe, dit is verskriklik en moet nie praat van een van die koninkryk van die mens. Ek het nie gesien dat in die koninkryk van die diere en so ek wonder hoekom mens probeer om te verneder hulself laer as diere. Dit is beide die dames ook, 'n vrou is om te trou met'n man en die vrou visie moet word in lyn met die man se visie nie-afdeling van die doel. Wanneer twee mense is gefokus op die een doel, hulle kry daar vinnig en maklik, hulle is nie ontsteld deur die uitdagings langs die pad. Ek het die oorspronklike persoonlikheid van beide'n man en'n vrou in my boek "*die Ontdekking van jou verlore persoonlikheid*" so kry dit en verstaan'n baie van die dinge. So my begrip is dat'n egskeiding is die afdeling en die huwelik is die visie. Wanneer jy wil om dood te maak'n visie jy voeg die dood aan dat die visie en dit word afdeling. 'n goeie huwelik het een visie, maar wanneer die dood kom in en dit is met'n ander visie van die oorspronklike een, dit raak afdeling en dit is egskeiding.

Meditasie

Neem'n stil tyd om te gaan sit en vra jouself af, as ek getroud is ek met dieselfde visie met my maat? en ek is gereed om te gee aan my maat visie? En vir wat jy oor te gaan in die huwelik neem tyd om jouself te vra is ek gereed om op te gee my visie met die persoon is getroud? vir beide partye doen dit elke keer as moontlik

HOOFSTUK TWEE
WAAROM EGSKEIDING

Die eenvoudige vraag kom, waarom egskeiding? Alhoewel die titel van hierdie boek is Egskeiding hoekom? Maar regtig hoekom egskeiding? Waarom egskeiding verskil van die oorsake van divorce of laat my sit dit op hierdie manier, waarom egskeiding bring oor die oorsaak van die egskeiding. In hierdie boek wat ons sal moet'n verskillende subtitel beskryf die oorsaak van die egskeiding wat is die deurdagte en uitdagende kwessies oor egskeiding en dit is die volgende hoofstuk.

Maar laat ons nou sien waarom egskeiding, dit is geskryf dat *"deur wysheid word'n huis gebou, en deur verstand word dit bevestig en met kennis word die kamers gevul met allerhande kosbare en aangename rykdom"*, wat'n wonderlike skrif en as jy verstaan versigtig, hierdie gedeelte is praat oor huwelike. Wysheid bou'n huwelik, begrip stel die huwelik en kennis maak dit voorspoedig wees. So hoekom egskeiding? Is wanneer daar is geen wysheid, begrip en kennis in'n huwelik? Ons gaan om te sien elkeen van dié woorde versigtig en weet hoe baie hulle beïnvloed, dat dit later resultate te skei.

WYSHEID

Wysheid is gesê om te bou 'n huwelik, nou wat is wysheid? Eks dit die handelinge of spraak van'n ouderling? Wysheid is die aansoek. Aansoek van wat? dit is die vermoë om vir iemand om te maak'n goeie en regte besluite te neem basis op die kombinasie van die wat hy het bekend (kennis), ervaring en intuïtiewe begrip, so wat wysheid is hier, is nie almal oor die ouderdom al is dit dalk bydra. Mense oor die hele wêreld het dit gemis in hierdie gebied is dat hulle net spring in trou met'n man basis op waarskynlik geld, status, gesig voorkoms, liggaam vorm en so aan, so ook die manne spring in huwelike vir dieselfde rede. Maar wat is die grootste fout, want die dinge wat jy gesien het, is tydelik en sal vervaag weg. ons het gesê die wysheid is die vermoë om te maak'n goeie en regte besluite te neem wat gebaseer is op die kombinasie van wat jy weet, die vraag is wat doen wat jy weet oor hierdie persoon wat jy is oor om te trou, weer wat weet jy oor die huwelik. Ek glo dat dit is waar die meeste van ons probleem lê, wat hulle weet nie enigiets oor die huwelik. Ek het'n jong paartjie wat net nuut getroud is oor hul kennis van wat hulle in. Om opreg te wees met julle, ek was teleurgesteld omdat hul antwoord was gesentreer op, ons is ryp en is lief vir mekaar, so ons het om te trou. Wel, ons sal neem meer op kennis reg in hierdie hoofstuk, tweede punt is ervaring, daar is'n gesegde dat die ervaring is die beste juffrou, maar ek het nie eens met dit, kan jy die ervaring van'n spesifieke ding oor en oor en nog steeds nie. Die ervaring hier is dat die kennis wat jy gekry het, en hoeveel jy het dit toegepas. Nou, laat se sê jy weet nie veel oor die huwelik, dan het jy gebruik die kennis en sien die resultaat en het jy ook leer uit die fout wat jy gemaak het. Finale, intuïtiewe begrip beteken watter gesindheid het jy wanneer jy sien die uitdagings wat ontstaan in dat die huwelik?

BEGRIP

Dit stel die huwelik en wat is om te verstaan? Dit beteken begrip, dit is die houding of aksie wat jy sit in die rigting van die kennis (Inligting) wat jy gekry het. Dit is waar volwassenheid kom in. 'n nuwe onherroeplik paartjie het'n geveg en die vrou ontdek dat die man is'n leuen aan haar in so baie dinge, nou kan jy raai haar reaksie, of laat my vra jy wat is die lees van hierdie boek wat sal jou reaksie wees. Wel, wat gebeur het na wat nuut is onherroeplik paartjie was dat die twee van hulle ophou om die huwelik en begin blameer mekaar, vernederende mekaar. Aan die raad so'n paartjies daar is'n eenvoudige ding om te doen en dit is om te verstaan, wat beteken om te probeer om te weet hoekom die man was dit te doen, want in alles wat daar is'n rede. Sy het om te begryp ten volle en deeglik die inligting, want die meeste mense het nie die studie diep en absorbeer die situasie voor te reageer, maar reageer en later na die luister na mense, hulle kom terug om te probeer om te verstaan waarom die daad is gedoen en in daardie tyd het dit te laat is, want baie beserings en flaters gemaak is. My eie raad is om eers besef die fout en jy verantwoordelikheid neem vir dit. Ek weet jy mag dalk sê hoe, wat ek bedoel is dat jy besef die skade wat dit is gaan om te bring aan jou lewe en die samelewing as dit nie behoorlik hanteer word. In hierdie proses kan jy selfs vind dat jy jou man om te geniet in'n verkeerde ding, maar dit moet nie'n maatstaf vir hom te wees oorvloedig. Tweede, ook erken jou denke patroon, dit kan wees dat jy dink negatief teenoor jou man en wat hom gemaak het om op te tree op die manier. Derde, erken die fout om jouself. Weet jy dat wanneer jy erken dat'n fout om jouself jy blameer nie ander? 'n eenvoudige voorbeeld is dat as ek getroud en my vrou is hang, die waarheid is, is die oorsaak nie net sy nie, want as ek die regte ding gedoen het sy sal nie wangedra. So het die vrou is om te erken dat die fout by haarself voor die man net so is die man aan die vrou deur die aanvaarding van hulle is die oorsaak en wat sal lei beide van hulle tot die finale stadium en dit is belowend. Jy sal uiteindelik sien beide van hulle belowende

hulself om getrou te wees en vinnig te maak'n U-
draai.

Ek het hierdie metode gebruik te genees
baie gebroke huwelik alhoewel sommige dit was
nie maklik nie , maar hulle het dit gemaak en
vandag is hulle is nog steeds bloei en nog steeds
op die vuur van die liefde in die huwelik.

KENNIS

Ek het kennis maak die huwelik voorspoedig
wees, een van die grootste sleutel om te wen in
die huwelik, selfs in die besigheid en die lewe in
die algemeen is kennis. Dit is die inligting of om
te weet oor iets of'n persoon, jy moet kennis oor
wat jy is gaan in, of wat jy in die nou. Kennis is
krag of jy kan sê power. Dit is die grondslag of
fondament van elke huwelik. Dit is deur middel

van die kennis wat jy maak die huwelik soeter en aangenaam te maak. So, wat die kennis is wat jy veronderstel is om te kry? Ek is nie probeer om te begin'n ander boek reg hier op dit nie, maar jy moet kry hierdie punte.

- Kry Kennis van wat jy wil om te trou
- Kry kennis van waar jy is om te trou
- Kry Kennis van hoe om te leef met die teenoorgestelde geslag
- Kry kennis van die persoonlikheid van die teenoorgestelde geslag.
- Kry Kennis van die hantering van die situasie korrek wanneer hulle ontstaan.
- Kry kennis van die huwelik in totaal.

Hoe kry jy hierdie kennis, ek bespreek'n paar punte hier op my boek "*Dating, liefde en seks*" gaan kry dit en meer te verstaan. Maar jy het om te wees iemand wat dit lees boek, kry boeke oor karakter, die liefde, die huwelik, seks en lees dit asseblief om kennis en begrip, ek het iemand wat ek gelees het oor'n honderd boeke oor verhouding, huwelik en hy geskree. Dit sal help om jou en vorm jy ook.

Laat my ook sê dat hierdie kennis, begrip en wysheid is verweef, sodat jy nodig het om die drie. Iemand kan die krag wat kennis en nie gesag wat is wysheid. Ons almal nodig het om krag (Kennis), kan of karakter (Begrip) en gesag of vermoë (wysheid).Mag bring oor kan bring oor die gesag, kry my onderrig op die krag en die mag en gesag.

So met hierdie drie punte kan ons sien waarom daar'n egskeiding wat as'n gevolg van'n gebrek aan kennis, begrip en wysheid in'n huwelik.

MEDITASIE

Neem tyd om te kyk wat het jy nie bekend is oor jou maat, jou verhouding, liefde, seks en soek as dit moontlik is, kry iemand wat kan jy direk, gaan kry die boek op dié gebied, lees en dink oor hulle sit met jou gade en probleme op te los nie draai jouself te'n openbare verskil en bespotting.

Mediteer daagliks op wat jy bestudeer het, en probeer om te verander jou houding teenoor die lewe, sê dit vir jouself dat jy is die verandering, die praktyk is dit en ook die toepassing van die nuwe idees om jou lewe en die huwelik.

HOOFSTUK DRIE
DEURDAGTE EN UITDAGINGS KWESSIES

Daar is kwessies wat deurdagte en uitdagende wat bring oor egskeiding. Onthou daar is geen rook sonder vuur. Ons het gesien in die laaste hoofstuk van die groot rede vir'n egskeiding, nou is ons net duik diep in die kwessies wat daardie redes genereer, byvoorbeeld wanneer iemand nie kennis oor iets wat hy of sy gespanne om te gaan die verkeerde mag en dit raak'n baie van die dinge, so ons gaan om te sien die verkeerde maniere. Hierdie boek is'n perfekte kombinasie van kennis, wysheid en begrip; ek gedoen het so baie opnames en so is nie net gee jou'n paar gedink feite, maar hierdie werklikheid. Nou is ek gaan om te gee jy vier bevestig deurdagte en uitdagende kwessies wat bring oor egskeiding.

GELD

Geld is een van die mees waardevolle dinge in ons planeet en almal wil om dit te kry. Maar doen jy weet dat die geld verteenwoordig die bloed, nou laat my verduidelik dat, kan sê, gee my'n geld, of kan sê ek het'n geld, dan kan jy ook sê ek het'n bloed vir oortapping of toets. Wel, die woord geld in die dieselfde woord bloed in die hebreeuse teks wat "*damim*". Ja, geld is lewensbestaan en'n middel van die verkryging van die noodsaaklikhede van die lewe. As jy kyk deur die geskiedenis vind jy uit dat baie bloed gevloei het oor geld en selfs tot vandag toe is dit nog steeds op. Beteken dit dat die geld is sleg, nie, geld is goed, maar, die enigste probleem is dat dit gebruik word verkeerdelik, kyk vir verkeerdelik. Baie weet nie dat die primêre manier van die maak van geld is om kreatief te wees. Wel, ons gaan om te gesels oor die geld in besonderhede hier, maar hoe geld bring oor egskeiding? Paar het hul huwelik as'n probleem oplossing onderneming en dit maak'n baie van die dames en die manne om te gaan in'n huwelik wat daar in geld in dit, omdat hulle voel dit sal los jou probleem en maak hulle ryk, hulle het nie gaan daar as gevolg van die liefde, maar as gevolg van die geld en miskien as die geld is nie meer of daar nie veel beskikbaar as hulle wou, dan sal jy gewoonlik hoor hulle sê: ek het nie die liefde hom weer, hy of sy nie omgee, Ek vertrou nie hom of haar. Geld soos ek gesê het, is goed, maar dit moet nie die maatstaf vir die verhouding. Ek wil om te deel'n storie met jou al is nie van plan om op te noem name, dra asseblief met my oor dat. Ek weet van'n baie wonderlike man wat invloed en meegedeel lewens oor die hele wêreld, maar sy begin was nie soos heuning en botter. Hy is getroud, het niks selfs geleen hul troue rok en ring en alles wat gebruik word, ek weet sommige sal sê wat'n skande, maar ja, dit was nie snaaks nie vir beide van hulle, maar hulle het'n visie in die lewe en het hard gewerk, slaap op die vloer van'n enkele kamer wat hulle het. Die visie het beide van hulle gaan en vandag is hulle leef in'n wonderlike huis, vlieg hul private jets, beide van hulle is globale syfers en so baie prestasie. Maar laat my vra hierdie vraag dat as waarskynlik die man of vrou besluit om as gevolg van geen geld en het die huwelik, sou enige van hulle nou het al die voordele wat ek genoem het. Ek het vroeër dat die primêre manier van die maak van geld is om kreatief te wees. Ja, ek weet dat diegene paartjies wat beplan is baie goed, en sien hul toekoms. Een ding wat ek sien in hierdie geslag is dat hulle nie wil om te slaag en jy mag dalk vra of sê nie, maar almal wil om suksesvol te wees en is te sê dat sukses het'n pad en hulle is nie gereed om daardie pad te volg. "*Wat ook al die rykdom gekry deur nietigheid sal verminder word, maar hy wat versamel deur arbeid sal verhoog*". Jy kan sê wat mense nie swaar kry om die geld te kry wat hulle vandag het, maar "*dit is ook geskryf dat daar is hy wat maak hom ryk, maar daar is niks nie: daar is wat maak hom swak, en hy het baie goed"*. Dit is ook geskryf dat *"'n erfenis kan gekry word haastig by die begin: maar die einde daarvan sal nie geseënd wees'*. Ek sal die einde deur te sê dat, dat *"hy of sy dat oppresseth die armes te verhoog sy rykdom, en hy of sy wat gee aan die ryk sal sekerlik kom om te wil"*. Al wat ek hier sê, is dat die geld moet bring nie oor egskeiding maar moet'n manier om te help of te kry waar jy is op pad na (doel).

ONGELOOF EN VERKEERD SAKE

Ja dit is regtig een van die opgemerk duidelik dat bring oor egskeiding. Ongeloof is om'n buite-egtelike verhouding buite jou huis of die huwelik. Verneuk, trou met die verkeerde persoon, op soek na ander huwelike te vergelyk joune, al is'n probleem in die huwelik. Nou sal baie mense sê dat ek nie oneerlik, ek is getroud met die regte persoon en is nie op soek na ander huwelike maar, ek wil om te wys jy'n ongesiens gebeurtenis wat gebeur in die huis. Weet jy dat wanneer jy as'n vennoot twyfel jou maat, jy het begin om te breek die band in die huwelik? Jy twyfel oor die woorde, aksies, besluit, selfs wanneer hy of sy is getrou aan jou; jy het begin met'n verhouding reeds buite jou huwelik. Lees my boek "*die oorspronklike plan vir die huwelik*" en te verstaan wat die huwelik is alles oor. Jou hart, gedagtes, en indie feit alles moet gebreide saam. Afgodery is ook soos egbreuk en dit is wanneer jou hart is iewers anders, wanneer jy nie meer glo dat God, dit is die pleeg egbreuk. Ja, jy sal sê dat dit was as gevolg van dit en dat, wat jy oneerlik is, maar het jy geweet jy is die primêre oorsaak, want reeds voor daardie tyd het jou hart het ontdek iewers anders te wees.

Ek sê vir diegene wat in die huwelik dat wanneer jy oneerlik of egskeiding, was dit nie'n onmiddellike besluit maar wat jy is om te kook reg binne-in jou, selfs wanneer dinge is ok in die huwelik. Ek vertel hulle voor hulle het in die huwelik hulle is nie regtig voorberei. Lust is wat het hulle in en'n paar was as gevolg van eensaamheid nie eintlik dat hulle gereed is. Die huwelik is'n goddelike instelling wat hou jy leer en te leer en hou aan om jouself beter te leer ken en beter. Sommige het gesê ek is getroud met'n verkeerde persoon nie, maar die waarheid is dat jy het'n verkeerde uitgaan en dit is die rede waarom ek wil hê dat jy om te kry my boek, "*Dating, Liefde en Seks*" dit is'n wonderlike stuk van die werk en dit sal jou lewe verander. Die huwelik is nie wat jy net spring in en spring weer uit.

SEKS

Ja, dit is waar ek gesien het mense en die ministeries wat hulle probeer om weg te skram van en huwelike sterf geleidelik. Mense leef in slawerny en in stilte. Nou wat is seks? Ek het in my boek "*die oorspronklike plan vir die huwelik*" dat dit is'n omgang tussen'n man en'n vrou wettig getroud is, wat is die invoeging van die penis van die man in die vagina van die vrou. Seks in ook die heilige intrinsiek pragtige unie deur omgang wat deurdring na die diepte van'n persoon se wese. Seks is een van die grootste oorsake van egskeiding; want óf die man is nie bevredigend die vrou ook die vrou is nie aan die mens. Seks is soet soos ek gesê het in my boek "*Dating, Liefde en Seks*" maar dit moet geniet word behoorlik. Onthou, dit is wat gedoen moet word binne die omtrek van die getroude huis. Beide partye nodig het om te verstaan mekaar seks ry en probeer om te voldoen aan elke ander. Seks help in die vrystelling van die stres van die dag, dit gee'n goeie slaap, dit herstel van die liggaam en help die brein om te herfokus. Seks is goed en ek moet julle die waarheid te vertel, want ons nodig het om te weet dat. sommige beweer dat spiritualiteit nie, maar ongelukkig sal God hulle vraag vir die moord op hul vennoot in die stilte, selfs al is dit geskryf dat "*ontneem nie mekaar nie, behalwe met toestemming vir'n tyd, wat jy kan gee jouself te vas en gebed, en kom weer bymekaar, sodat die satan nie versoek om jou as gevolg van jou gebrek aan selfbeheersing".* Wat dink jy is die betekenis van kom weer bymekaar, sodat die satan nie versoek om jou as gevolg van jou gebrek aan self-beheer, dit is nie net'n woord nie, maar die werklikheid en dit is die rede waarom hierdie generasie is'n groot probleem, want seks het omvou oral dat beide ongetroud met die getroude is net hang. Seks is'n baie wye onderwerp te bespreek en ek het my eie deel op dat my Boek *"Dating, Liefde en seks".*

KINDERJARE ERVAAR

Hierdie aspek is'n baie ingewikkelde area, want dit is wat baie mense in die gesig staar in die lewe vandag. Hulle is beïnvloed deur hul ervarings uit die kinderjare en wanneer dit nie behoorlik hanteer en bestuur word, dit vernietig huwelike en verhoudings. Emosies speel ook 'n groot rol hier ook en dit is 'n gebied wat moet versigtig hanteer word.

Iemand kan gebruik om sy emosies te definieer 'n sekere aksie in die huwelik verkeerd, net so as 'n gade het die kinderjare ervaring van nie liefgehad, dat die gade sal ook die huwelik dat die pad, moet hy of sy werk versigtig om dié uit te skakel ervaring as dit nie sal lei tot 'n ramp. Ek het gesien situasies waar 'n egpaar is met die probleem en die vrou hou sê my man nie my liefde nie, maar die man hou beklemtoon dat hy is lief vir haar so baie, na baie tyd van waarneming het ek ontdek dat die vrou is die lyding van kleins af ervaar en selfs al is die man wys haar al die liefde, sy is nooit tevrede nie. Ek het begin berading en die verandering van die vrou ingesteldheid. Ek het gesien hoe talle probleme soos hierdie en is 'n groot probleem in huwelike en dié wat dit nie kon dra nie eindig in egskeiding.

Ons kan duidelik sien die vier belangrike punte wat ek hier gegee het. Ek wil ook raai diegene wat in die huwelik, volgens my wonderlike vriend Iraida, het sy gesê die huwelik is'n heilige en geheime wat beteken dat dit heilig en alles gedoen binne die huwelik gehou moet word tussen die egpaar alleen. Baie huise is gebreek vandag as gevolg van vriende en snaaks genoeg het hulle hou hul huise te beveilig, maar vernietig die ander, wees versigtig van vriende, nie al die vriende van vriende, nie alles wat jy hoor buite is nuttig in jou huwelik. VERSIGTIG WEES.

MEDITASIE

Neem'n stil tyd om noukeurig te kyk na jouself en vra jouself doen ek regtig weet wat die persoon wat ek wil om te trou (vir singles), die persoon is getroud met (paartjies), het ek tyd geneem het om werklik te weet wat hom of haar na die binneste deel of net die oppervlak, ek luister na mense te vernietig my huis, my kinderjare ervaar het dit gehelp om my in enige manier, doen ek bevredig my gade. Wanneer jy mediteer versigtig en gevind dat uit die foute, asseblief vinnig begin wysiging en begin'n nuwe lewe. Dit sal jou help om'n suksesvolle huwelik lewe. Onthou voeg nie emosie, want dit sal lei tot verkeerde besluit.

HOOFSTUK VIER
IS EGSKEIDING GOED OF SLEG

Ons het gekom om een van die belangrike aspek van hierdie boek en baie sal wees om op te kyk om te weet as die egskeiding is goed of sleg. Maar voor dat ek wil hê ons om te hardloop deur middel van hoofstuk een tot drie, ek weet hierdie boek net het net vier hoofstukke, maar hulle is wonderlike hoofstukke. In hoofstuk een het ons gepraat oor die egskeiding en die konsep waar ek gegee het jy my konsep wat ek gesê het, is net twee verskillende visie weier om een visie, in hoofstuk twee het ons gepraat oor die rede waarom egskeiding en ek het ons drie belangrike gebiede wat is wysheid, kennis en begrip. In hoofstuk drie het ek gepraat of het ons gepraat oor die deurdagte uitdagings wat resultate te skei, nou in hierdie drie hoofstukke indien ek is om te vra jy die lees van hierdie boek, is egskeiding goed of sleg? as ons is om te kyk na hierdie onderwerp die bybel, dit is geskryf dat *"God haat egskeiding, Maar as gevolg van die hardheid van jou hart, Moses het gesê jy moet gee haar'n skeibrief, maar van die begin af was dit nie so nie"*. So hoekom is egskeiding rampant vandag, is dit dat dit is'n goeie ding. laat my sê iets hier dat wanneer paartjies aparte en gegaan het hul eie maniere, wanneer hulle kom oor hulself, dat die pyn kom terug weer en die meeste van hulle onmiddellik ontwikkel hart aanval. Egskeiding is'n baie pynlike gebeurtenis, maar as die paar wat nog nooit die stem bly in'n huwelik, 'n mens sal sekerlik sterwe, en wat is erger as'n egskeiding omdat dit sy of haar gade wat gesterf het dalk nie vervul sy/haar visie in die lewe, al is die ander gade sal net treur hom/haar vir 'n geruime tyd en vergeet. Weer wat is selfs moord, so moenie jy dink as jy na behoorlike ondersoek en een van die vennote is nie die verandering, dan is die skeiding is die enigste opsie. Nou in die wêreld vandag, wanneer ons neem die statistiek van die dood, veral mans, het ons ontdek dat dit was as gevolg van verkeerde huwelik, huis aan die brand gesteek en so aan.

Mans natuurlik nie kan verdra nie twis of wat dit ook al sal steur hulle hart. Ek het'n baie van die mense wat die mense wat jy sien in die drink sentrums en diegene wat selfs naby die einde van die werk, selfs wanneer daar is geen werk daar, is as'n gevolg van die vuur en swawel by die huis. Vroue het natuurlik kan dra dinge vir'n lang tyd en dit is die rede waarom jy sien dat hulle kan dra pyn tydens die kind geboorte en weer as gevolg van hul persoonlikheid wat getemper met hulle gee'n baie van die hitte te mans by die huis en hierdie manne het altyd kyk vir die verskoning om te loop van die huis. Asseblief dit is'n eye-opening vir elke dame die lees van hierdie boek, dit is nie te verneder nie, maar om te maak dat jy verstaan goed of sleg, en as dit goed is, op watter tyd dit is 'n goeie of as dit sleg is, op watter tyd is dit sleg. Ek glo van die verduideliking wat ek gegee het, sal jy verstaan dat egskeiding is goeie en slegte.

Laat my verduidelik versigtig, egskeiding is net goed as die ander vennoot weier om te verander en veroorsaak skade aan die huwelik. Geen voorlegging, geen liefde nie, dan wat is jy daar doen. Dit sal vernietig lewens en geslag en onthou God wil hê goddelike saad. Die huwelik is geskep ook vir die goddelike saad wat gekoester moet word deur die paartjies wat trou. Kry dit nie verkeerd is hier, maar verstaan baie goed dat ons onbekeerlike mens. Vriende, dit is'n dood trap.

Egskeiding is sleg wanneer daar is geen tasbare rede vir die skeiding behalwe verborge agenda waarskynlik om te voldoen aan buitensporig seksuele drang of vrees van nie in staat is. Sommige mense egskeiding vir regtig geen rede en wat is sleg.

Nou is nie bemoedigend egskeiding en sal nooit moedig egskeiding, maar die waarheid moet gesê word, so as om te spaar'n baie van die mense wat sterf in pyn reg in hul huise. Net so ook het om te stop elke onnodige beweeg om te skei wanneer dit eintlik niks gebeur nie. Ek haat egskeiding , maar daar is'n vlak om dit te kry, dit is die lewe dreig en die bybel sê dat geen mens het die reg om te neem 'n ander mens se lewe.

Verskoon my asseblief, ek sê na alles gesê en gedoen, een van die vennoot weier om hulle te bekeer of te verander. So egskeiding is nie goed toe dit was as gevolg van wellus of selfsugtige begeertes en net so egskeiding is goed wanneer dit is lewensgevaarlik en ontrouheid.

MEDITASIE

Dink oor hierdie hoofstuk versigtig en sien waar jy is in jou verhouding en jou redes om te skei, is nie te sê jy moet staan op die grond van egskeiding, maar in plaas daarvan kyk vir'n manier om te verander jou huwelik deur die volgende beginsels wat ek vir jou gegee het, in hierdie boek, maar as dit is besig om van die lewe dreig en ontrouheid sonder bekering, dan is jy beter ophou.

OOK DEUR DANIEL PATRICK

1. **Die Oorspronklike Plan vir die Huwelik**

2. **Die Les wat ek geleer het uit die ouderling**

3. **Die ontdekking van jou verlore persoonlikheid**

4. **Algemene waarhede my onderwyser het nog nooit het my geleer**

5. **Die Hoe: die Ontdekking van jou Lot**

6. **Die Maak Van Die Impak.**

7. Egskeiding Hoekom?

8. Die Ekstra-gewone jeug

9. Dating, Liefde en Seks

En baie meer

OOR DIE SKRYWER

Daniel Patrick is 'n internasionale motiveringspreker, skrywer, leierskap mentor, verhouding/huwelik afrigter, opvoeder, konsultant vir besighede en die regering. Hy was baie gereis, en sodoende die aanspreek van kritieke kwessies wat die volle omvang van menslike sosiale en geestelike ontwikkeling. Die sentrale tema van sy boodskap is op die ontdekking en die maksimalisering van potensiaal in individue, wat ook die transformasie van lewens deur die vervaardiging van doeltreffende en betekenisvolle leiers op alle gebiede van die lewe.

Daniel Patrick is die stigter en president van IN SY TEENWOORDIGHEID BEDIENING (IHPM), 'n multi-dimensionele organisasie in

Asaba, Nigerië.

Daniel Patrick het verander lewens regoor die wêreld en is nog steeds veranderende lewens met sy eenvoudige gewaardeer bybelse koninkryk onderrig wat inspireer, motiveer, uitdagings, en bemagtig mense om te ontdek persoonlike doel, ontwikkel ware potensiaal en erken met die oordra van hul leierskap vermoëns.

Sy appèl en die boodskap transendeer ouderdom, ras, kultuur, geloof, en ekonomiese agtergrond.

Daniel Patrick is'n ambassadeur vir vrede Onder die Universele vrede federasie wat is'n liggaam onder die Verenigde Nasies. Daniel Patrick is'n leier met'n sensitiewe hart en internasionale visie. Kry in kontak met hom op inhispresenceminitries8@gmail.com